"Black Square" Malevich's Enigma

By Yuri Romanov, Egor Romanov and Boris Romanov

The mystery of "Black Square" by Kazimir Malevich

CONTENT

"Black Square" Malevich's Enigma 1
The mystery of "Black Square" by Kazimir Malevich 1
   "Black Square" - foresight of "pixel"? 4
   Version History "Black square = Pixel" 5
   About Kazimir Malevich and his "Black Square" 8
      It is not understanding till now a grim revelation? .. 8
      Artificially inflated fetish and secret of the artist's psyche? 9
      Forerun of darkness which swallowed Russia after 1917? 11
   In conclusion. 14
In Russian 15
Тайна «Чёрного квадрата» Казимира Малевича 15
   «Чёрноый квадрат» – предвидение "пиксела"? 15
   История версии «Чёрный квадрат = Пиксел» 17
   О Казимире Малевиче и его «ЧК» 18
      НЕ ПОНЯТОЕ ДО СИХ ПОР МРАЧНОЕ ОТКРОВЕНИЕ? 19
      ИСКУССТВЕННО РАЗДУТЫЙ ФЕТИШ и ТАЙНА ПСИХИКИ ХУДОЖНИКА? 20
      ПРЕДВЕСТИЕ ТЬМЫ, ПОГЛОТИВШЕЙ РОССИЮ ПОСЛЕ 1917 ГОДА? 22
   В заключение. 24

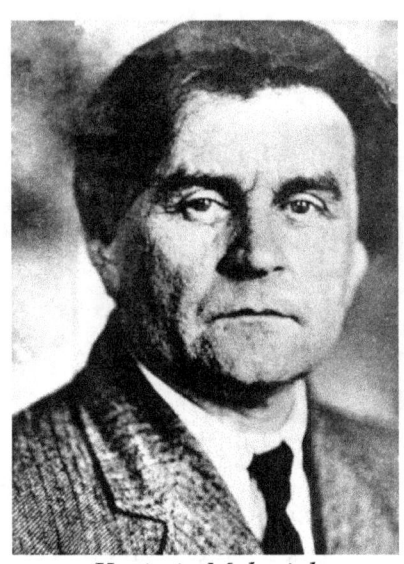
Kazimir Malevich

It is well known, Malevich exhibited his first Black Square, now at the Tretyakov Gallery in Moscow, at the Last Futurist Exhibition 0,10 in Petrograd in 1915. A black square placed against the sun appeared for the first time in the 1913 scenery designs for the Futurist opera Victory over the Sun. The second Black Square was painted around 1923. Some believe that the third Black Square (also at the Tretyakov Gallery) was painted in 1929 for Malevich's solo exhibition, because of the poor condition of the 1915 square. One more Black Square, the smallest and probably the last, may have been intended as a diptych together with the Red Square (though of smaller size) for the exhibition Artists of the RSFSR: 15 Years, held in Leningrad (1932).

"Black Square" by Kazimir Malevich

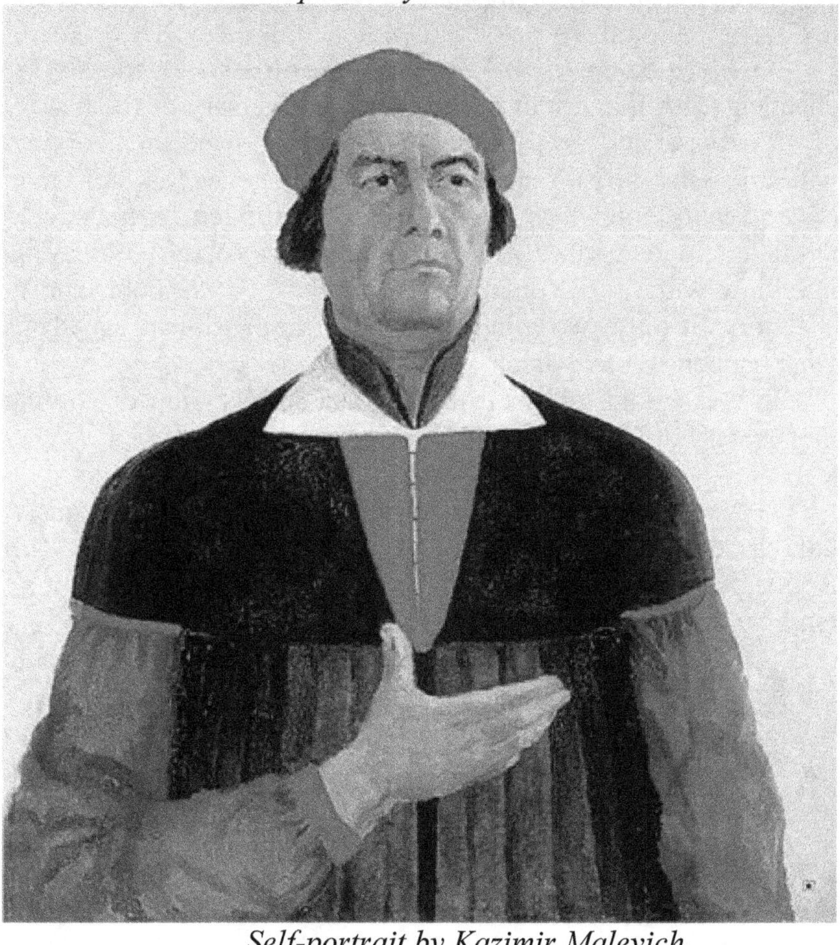

Self-portrait by Kazimir Malevich

"Black Square" - foresight of "pixel"?

Many people still think "Black Square" by Malevich just meaningless PR. However, many others have tried to understand the meaning of the image. "Black Square" yet in 1916 was named an "icon of the avant-garde" (Andreeva E. Yu. Kazimir Malevich. Black square. - St. Petersburg. "Arka", 2010). However, the question remains: whether Malevich himself had put some additional meaning in this his job, or he "just" created this "icon"? Or maybe it was a spontaneous artist prediction about something that was unknown to people early XX century?

December 4, 2013 one of the Russian federal TV channels (5th) in the plot of the 100th anniversary of the history of "Black Square" by Kazimir Malevich showed an interview with a Russian artist Yuri Romanov.. He believes that this "icon of the avant-garde" was actually foresight modern virtual world with its fundamental minimal element - pixel. Well, the interview with Yuri Romanov was filmed over an hour, and in TV story fit only two minutes (or even less) - but it usually is what happens on television.

We should tell a bit more about this version of solving the mystery of "Black Square" .

Association with the pixel did not appear spontaneously, but based on the study of texts by Kazimir Malevich. Yuri Romanov writes about the following excerpts from Malevich's texts in support of this hypothesis :

1. Malevich's short text under one of the lithographic reproductions "Black Square" reads:

"It is built in the fifth (saving) measurement as a basis on which to develop all forms of creative efforts of inventions and the arts."

(Vitebsk, 15 November 1919)

2 . The theses articles Malevich (Materials for the book " International Art") reads:

"Humanity is just the brush, chisel and hammer , which

always builds a global picture . But till now there is not such art, which would show it on own screen, and so that human would be able to see the total amount of all his labor in the global picture . I am going to built this screen . This screen should have an idea . But to cover the presentation of the World Creativity paintings, it is necessary to invent some symbols which would be a guide of the adequate nature of the living world. "

K. Malevich , April- May 1919 (http://kazimirmalevich.ru/t5_1_3_7 - in Russian)

Probably, the full Malevich's text contain also other evidences in favor for the version of his "anticipation" of modern virtual world (and pixels), but yet just even only these quotations enough for proof this.

Let us now tell a little more about the history of a discovering and presentations of this version.

Version History "Black square = Pixel"

Authors - artists, father and son Romanov, Yuri - member of Artists Union of Germany; Egor - university graduate Bauhaus in Weimar. You can see their photos, watercolors and paintings on the web sites:

http://www.galerie-tamart.de/
http://www.russianfineart.co/catalog/mfg.php?mfgid=275
http://artnow.ru/ru/gallery/0/5866.html

You can see the video "The victory of the Sun" on Youtube:

http://www.youtube.com/watch?v=Daed6xJgumY

Needless discovery of the "Black Square"'s enigma Yuri and Egor Romanovs relate to 1999. Later, March 21, 2003, they named their discovery and the whole project "Victory of the Sun". Interestingly, that the same days (March 22, 2003) a sunrise over Japan was unique (unusally): "square sun" rose on the horizon - a unique optical phenomenon caused by the refraction of sunlight in the atmosphere that day. This was reported by many media and news agencies around the world.

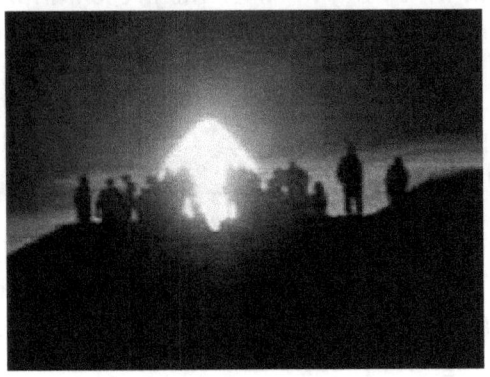

Sunrise in Japan March 22, 2003 (Photo)

September 19, 2006 in Weimar (Germany), during the week of an international culture, there took place the presentation of the art project "Victory of the Sun" (a manifesto, the object "Black Pixels" and the movie "Victory of the Sun"). This project revealed various aspects of an enigma of "Black Square" by Kazimir Malevich.

Continuing the tradition of the Russian avant-garde, Yuri Romanov promotes new artistic direction - Abrogativizm (from Lat . Abrogatio - Cancel) - Abrogativizm reveals and develops the new art direction by overcoming (catharsis) an enigma of "Black Square" by Malevich . I recall that Yuri Romanov treats this mystery (black square) as "involuntary" (spontaneous) foresight Malevich appearance of "Pixel" - the black square, which has become the fundamental minimal element of modern virtual world - the world of computers and television (TV screens and computers). Yuri Romanov believes that Casimir Malevich was wrong in that "black square" is the foundation of wildlife. It lies at the foundation of modern virtual world, but not the world of wildlife .

10-12 November 2006 presentation of "The victory of the Sun" was held in Erfurt - it took place at the exhibition of German artists in Kunstmesse. The very name of the project ("Victory of the Sun") is contrasted against the name (title) of the opera "Victory over the Sun" - opera, theatrical performance, which was associated with the creation of "Black Square" by Malevich.

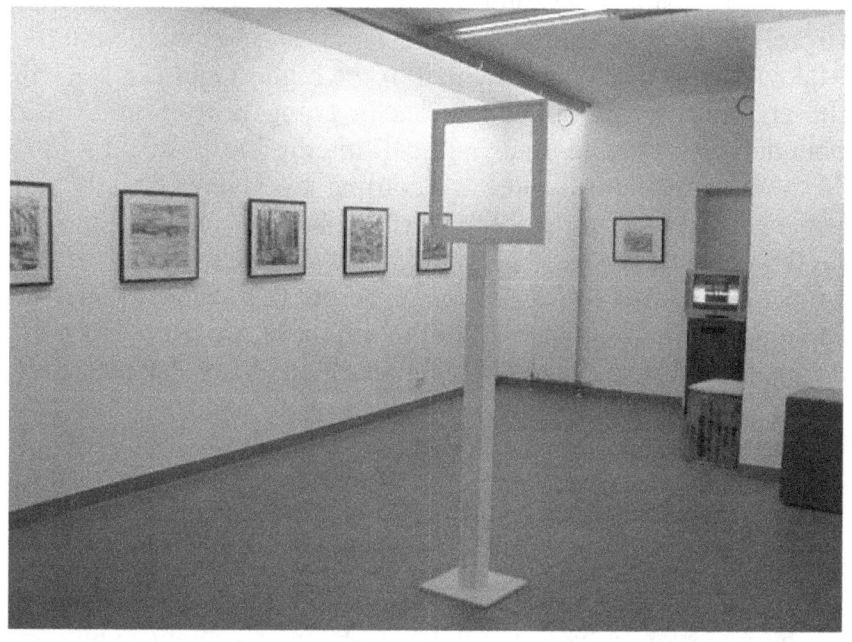

On the eve of the presentation of the art project "Victory of the Sun" (a manifesto, the object "Black Pixels"

Now, after this preface, it is appropriate to remind readers about the history of this "icon of avant-garde", and about its critical reception - for those readers who are not very familiar with this story.

About Kazimir Malevich and his "Black Square"

Black Square was unveiled at the "Last Futurist Exhibition of paintings of 0.10 (zero to ten)" , which opened in Petrograd 19th (or 17th) December 1915 . Malevich showed there figurative paintings and announced the coming of a "new pictorial realism " (" Suprematism") . The term " Suprematism" (from the Latin . Supremus, « the highest , or overcoming ") Malevich introduced as a symbol of the highest and last stage of the art, the essence of which lies in going beyond traditional boundaries , beyond the visible (intelligible) world - into Nothing, into the Absolute. According to Malevich, only this way can save the world, - the world which lost integrity and are on the verge of death.

In addition to this I quote excerpts from three articles on Malevich's Black Square: from the article of art-critic, from the article of famous artist, and from the article of Russian priest - in chronological order.

It is not understanding till now a grim revelation?

Below I publish excerpts from the article correspondent of the newspaper "Izvestia" Olga Kabanova - about exhibition "Black Square" by Malevich in New York's Solomon R. Guggenheim Museum (13 May 2003):

May 13, 2003. In New York's Solomon R. Guggenheim Museum opened an exhibition "Kazimir Malevich. Suprematism"

"Black rectangle, black cross and black circle - these three classical Malevich's compositions meet viewers who go up to the famous ramp of the classical building Solomon Guggenheim Museum. This museum was built by the ingenious design of Frank Lloyd Wright and its viewing is amazing even

for prepared spectator. But when after these three simple geometric shapes Malevich you see also a black square, it just rolls on you a horror. Over the past decade and a half paintings of Malevich showed many times, and I've seen these pictures before, but I confess that never in his exhibitions I have not experienced such serious feelings. Just blow some gloom. <...> Exhibition curator Matthew Trattt, saying the opening speech, spoke at length, as in his childhood he first saw a book on Russian avant-garde ... Director Thomas Krens in his opening remarks, long and monotonous, as sexton, thanked everyone who participated in the creation of the exhibition, but in the end he suddenly confessed that he wanted to make it - just such - since a time when he began working at the museum.

Such personal intonation in formal business speeches are understandable. It is a fact that the grim geometric poetry of Malevich's painting, or an epitaph, or painful prerevolutionary prophecy - whatever you call it - it's all too much effect on those who are facing with it. Nothing, absolute zero, the abyss, which would indicate Malevich in his "Black Square" - all of it hurts even for people with underdeveloped imagination. And among those who are engaged in the art, such people are almost absent ...

The main black marks in the history of world art - circle, square, cross and rectangle which are depicted in black and white by Malevich's hand - compiled together, they produce a powerful effect. They gape before the audience as dug grave, as a sign of the inevitable. It had to prove the exhibition "Kazimir Malevich. Suprematism "at the Solomon R. Guggenheim Museum." And proved.

Artificially inflated fetish and secret of the artist's psyche?

From an interview with famous Russian artist Mikhail

Shemyakin radio "Freedom" (journalist Tatyana Voltskaya, December 1, 2005):

<<Mikhail Shemyakin: ... *I brought the materials of my institute, these materials show where the shoe pinches with the square. Very rare and curious thing I managed to get in France, this black square by Gustave Dore, he represents the history of Russia, which is lost in antiquity and in the mists of time. He called it "The Twilight Russian history." Cartoons of the square of Malevich.*

Tatiana Voltskaya: *What caricature on Malevich square can be drawn?*

Mikhail Shemyakin: *Caricature Vladimir Zimakova is the transformation of one of the famous Francisko Goya etchings series of " Kaprichios ." This deathly plate that crushes people who are trying not to fall into the pit called "When at last they will go away? ". That's just this deathly plate turned into a huge square of Malevich , which presses contemporary Russian artists. Favorite saying of Western snobs , especially in America , in broken Russian : "You do not Malevich ! "*

Tatiana Voltskaya : *And yet, what is main thing in this set of measures around the black square?*

Mikhail Shemyakin : *Basically , everything that is related to the debate about whether so this box is really a sort of a powerful phenomen in the art of the 20th century . It all boils down to the fact that mankind need some fetishes ... For example , it is strange dances, which have been conducted for several centuries around the "Mona Lisa" by Leonardo da Vinci. Entire volumes written about the study mystery of her smile . And actually no great mystery there. If a person knows the art of ancient Greece, especially Archaic Greece - all experts know that the famous and mysterious Mona Lisa's enigmatic smile - it's only translated from sculptures of Archaic Greece Kurasov smile . A sort of pre-dawn area state of nature : a half-smile or wandering smile . But there are things much more interesting at the same Leonardo . But mankind had to create some kind of fetish legend.*

Tatiana Voltskaya: *is Black Square relates to the same?*
Mikhail Shemyakin: *Yes ...*
Tatiana Voltskaya: *Still, you arrange an exhibition devoted to Black Square. Does this mean that you are also going on about these fetishes?*
Mikhail Shemyakin: *I'm a historian and analyst, and I must learn everything. Whether I like it or not. Besides the square which I have to study, you can not even imagine how much the present day to bake these squares. I just show it. Yesterday I had a friend of mine, who loves art. When she looked two works associated with this exhibition, she said: "But as it is boring - a square." When I showed her endless series of squares, she said: " Now that's interesting." Yes, it's interesting - but from the perspective of psychiatry. < ... >*
Tatiana Voltskaya: *Yet, despite the childish joy of a great artist, having a tendency to play, I continue to adhere to the view of the medieval thinkers who believed that we should not get involved in the image of demons to himself not to fall into temptation. So, I confess, two floors of assorted squares I kind of scary. But maybe Mikhail Shemyakin rights: honestly considering them at an angle square madness.>>*

Forerun of darkness which swallowed Russia after 1917?

From an article by Boris Mikhailov (priest) "Abomination of desolation (the art of Malevich)" (magazine "Art", January 2006):
<< *In May 1915, viewing figures for the second edition of the libretto "Victory Over the Sun", Malevich "stumbled", according to him, to his most important discovery: the unrealized project of the curtain of the first act with the image of a black square, which opened to him suddenly as the main achieve " Victory over the Sun". He wrote at the time: "A will of creative still squeezed into real forms of life and fought for their*

way out of things. The will of more stronger creators went up to vanishing point, but did not go beyond zero. But I changed to zero forms and went out of 0 - 1." In other words, he went to another reality where there is another ideal standard, another unit - the "black square".

This "gateway to another reality" Malevich called "Suprematism" (Polish: " suprematsiya " - an overcoming, a predominance) . On overcoming what is it? Towards a reality worth thing, but not just as a material envelope , but in its intrinsic nature - in its creation, in its inner Logos. Recall how the Lord God brought the animals to Adam and he called its by their names (Adam had called the names for everyone animal). Overcoming objectivity in Cubism and Suprematism is the reverse process: an abduction of name, abduction of Light (of Logos). But just namely through a touching of Logos a matter becomes the creation. Therefore , destroying the object by the "canon" of Suprematism, plunging into the world of supposedly pure forms, the artist immersed actually into demonic element, becomes the executor of his (Evil's) ill will .

Throughout the summer and fall (1915) Malevich hard (and in complete secrecy) worked on paintings, in which is embodied his new painting system. On "The Last Futurist Exhibition" 0.10 "" (December 1915 - January 1916.) He exhibited 39 Suprematist works, called "a colorful array of the fourth dimension," and among them - "Black Square". Realizing its metaphysical significance, Malevich defiantly hung "Black Square" in the red corner, the traditional place of icons in Russian culture.

Outstanding artist and art historian Alexandre Benois wrote about this exhibition: "The black square in a white frame - is not an easy joke, not an easy challenge, not a casual little episode that happened in the house on the Champ de Mars , but one of the acts of self-assertion of principle which has his name - the abomination of desolation - and which brags that through pride, through arrogance, through trampling of love and ttenderness will lead all to death."

"Abomination of desolation", according to the Scriptures,

called placement in the Temple of Jerusalem pagan idol, in the days of Antiochus Epiphanes (Daniel 9, 27, 11, 31, 12, 11), and in a more general sense the "abomination of desolation" is a sign of the onset of the end of time: "When you see the abomination of desolation, spoken of by Daniel the prophet, stand in the holy place - let the reader understand - then let those in Judea flee to the mountains ... "(Mt. 24, 15-16).

What was behind the "little episode" at the show, it became clear in 1917, when Russia was broken by the terrible turmoil, which blew the Russian world. "Crave is now undergoing the Holy Orthodox Church of Christ in the Russian land - said in the words of His Holiness Patriarch Tikhon January 19, 1918. - Overt and covert enemies erected the persecution of the truth of Christ, and these enemies seek to ensure, to destroy the work of Christ ... Wake up, mad people, stop ... this truly Satan deal ... "

Black square in a white frame - it's a battle against icon. Mullion (content, image) of icon has always been a carrier of image and light - Lights of Heaven. Now we want to say that there (behind Malevich's zero) there is no content-picture, no lights. And, as there are nothing, so a reality becomes universally "Nesmith!!! (Nonexistence!!!) ". The harbinger of darkness which engulfed Russia - that's what was "neslov" (antilogos) of Malevich. It was collected in a fist - a hole in the matter, strong language revolution, peasant fig, smoky and rough - in the sky. <... > >>

Of course, a number of critical texts about "Black Square" it should be noted also Tatyana Tolstoy's essay "Square". I advise you to read this text (http://dictionnaire.narod.ru/square.htm).

In conclusion.

So presented above article – of art historian, famous artist and a priest (and Tatyana Tolstoy) – these articles reflect three main views, three approaches to understanding the Black Square by Malevich:

- Grim but absolutely incomprehensible revelation of famous artist;

- Artificially inflated fetish, which have no mystery, except the mysteries of the psyche of the artist and the desire of mankind to fetishes;

- Act of self-affirmation of demon-evil begining, the name of which is abomination of desolation; harbinger of darkness engulfed Russia since 1917.

Version of two Russian artists (now living in Germany) Yuri Romanov and Yegor Romanov is adding and developing, possibly, all three approaches. According to their version, Malevich - unwittingly - stood up as seer who forecasted the appearance of a Pixel, which plunged humanity into a virtual world of computer and television technologies. These technologies can be used (and used) for domination and manipulation of the mass consciousness to lack of spirituality and into abomination of desolation. Malevich's Black Square turned into myriad pixels in billion television and computer screens, colored lights of which shine in the homes of billions of people across the world. So, Black Square = Pixel. Give to a phenomenon the exact name, understand its essence - it means to overcome it, to rise above it, to make possible to submit it to our will.

So, the riddle of "Black Square" no longer exists? Fetish unmasked? - No need to wrestle with: it was just a pixel! Only pixel ... which fills all modern virtual world.

In Russian

Тайна «Чёрного квадрата» Казимира Малевича

Как известно, Казимир Малевич выставил свой первый Черный квадрат (который теперь находится в Третьяковской галерее в Москве), на Последней футуристической выставке 0,10 в Петрограде в 1915 году. Черный квадрат как символ «победы над солнцем» появился впервые в 1913 году в конструкциях пейзажа для футуристической опере «Победа над Солнцем». Второй Черный квадрат был написана около 1923 года. Некоторые считают, что третий Черный квадрат (ныне также находится в Третьяковской галерее) был написан в 1929 году для персональной выставки Малевича, — из-за плохого состояния первой картины 1915 года. Еще один Черный квадрат, маленький и, наверное, последний, возможно, был предназначен в качестве диптиха вместе с Красным квадратом (меньшего размера) для выставки художников РСФСР, проведенных в Ленинграде (1932).

«Чёрноый квадрат» – предвидение "пиксела"?

Очень многие люди до сих пор считают «Чёрный квадрат» Малевича всего лишь бессмысленным эпатажем. Однако, многие другие пытались понять смысл этого изображения. «Чёрный квадрат» ещё в 1916 году был назван «иконой авангардизма» (Андреева Е. Ю.. Казимир Малевич. Чёрный квадрат. — СПб.: «Арка», 2010). Однако, остаётся вопрос: вкладывал ли сам Малевич какой-то дополнительный смысл в эту свою работу, или же он «просто» создал эту «икону»? Или, может быть, это было спонтанное предвидение художника о чём-то таком, что было ещё неизвестно людям первой трети XX века?

4 декабря 2013 года. один из федеральных телеканалов (5-й) в сюжете к 100-летию истории «Чёрного квадрата» Казимира Малевича показал интервью с российским художником Юрием Романовым.. Он считает, что эта «икона авангарда» явилась на самом деле предвидением современного виртуального мира с его основополагающим минимальным элементом – **пикселем**. Ну, интервью с Ю. Романовым снималось более часа, а в телесюжет поместилось лишь две минуты (или даже менее) – но это обычно так и бывает на телевидении.

Я думаю, стоит рассказать об этой версии разгадки тайны «Чёрного квадрата» немного подробнее.

Ассоциации с пикселем появились не спонтанно, а на основе изучения текстов Казимира Малевича. Вот какие выдержки из его текстов приводит в подтверждение своей гипотезы Юрий Романов:

1. Короткий текст Малевича под одним из литографических воспроизведений "Черного квадрата" гласит:

"Построена в пятом (экономия) измерении как основа, на которой должны развиваться формы всех творческих усилий изобретений и искусств."

(Витебск, 15 ноября 1919 года)

2. В тезисах статьи К. Малевича (Материалы для сборника "Интернационал искусства") читаем:

«Человечество есть та кисть, резец и молот, которое вечно строит мировую картину. Но нет еще такого искусства, которое бы на своем экране показало ее, и человек смог бы увидеть общую сумму всего своего труда в мировой картине. Я намечаю этот экран. Экраном этим должно быть представление. Но чтобы охватить представлением Мирового Творчества картинности, необходимо изобресть знаки, которые смогли бы быть проводником состояния живого мира.»

К.С. Малевич, апрель-май 1919 (http://kazimirmalevich.ru/t5_1_3_7)

Вероятно, в текстах Казимира Севериновича можно найти и другие подтверждения в пользу версии о его предвидении современного виртуального мира (и пиксела), но и приведённых цитат достаточно.

Расскажу теперь немного подробнее об истории появления и презентаций версии «Чёрный квадрат Малевича как предвидение им современного виртуального мира и пиксела».

История версии «Чёрный квадрат = Пиксел»

Авторы — художники, отец и сын Романовы; Юрий — член Союза художников Германии; Егор — выпускник университета Баухаус в Веймаре. Вы можете видеть их картины на сайтах:

http://www.galerie-tamart.de/
http://www.russianfineart.co/catalog/mfg.php?mfgid=275
http://artnow.ru/ru/gallery/0/5866.html

Вы можете посмотреть их видео «Победа Солнца» на Ютубе:

http://www.youtube.com/watch?v=Daed6xJgumY

Само свое открытие тайны "Черного квадрата" Юрий и Егор Романовы относят к 1999 году. А 21 марта 2003 года они назвали своё открытие и проект в целом "Победа Солнца" . Интересно, что примерно в эти же дни (22 марта 2003 года) над Японией взошло «квадратное солнце» — уникальное оптическое явление, связанное с преломлением в атмосфере солнечных лучей в тот день. Об этом сообщали многие СМИ и телеграфные агентства всего мира.

19 сентября 2006 года в Веймаре (Германия), в рамках недели международной культуры состоялась презентация художественного проекта «Победа Солнца» (манифест, объект «Чёрный Пиксел» и видеофильм «Победа солнца»), Этот проект раскрывал различные аспекты тайны

«Черного квадрата» Казимира Малевича.

В продолжение традиций русского авангарда Юрий Романов пропагандирует новое художественное направление — Аброгативизм (от лат. Abrogatio – Отмена) – Аброгативизм, можно сказать, раскрывает и развивает новое направление искусства на основе преодоления (катарсис) загадки «Черного квадрата» Малевича. Напомню, что Юрий Романов трактует эту загадку (Чёрный квадрат) как "невольное" (споньанное) предвидение Малевичем появления «Пиксела» — черного квадрата, который стал минимальным основополагающим элементом современного виртуального мира, – мира компьютеров и телевидения (экранов телевизоров и компьютеров). Юрий Романов считает, что Казамир Малевич всё же ошибался в том, что «чёрный квадрат» лежит в основании живой Природы. Это лежит в основании современного виртуального мира, а не мира живой природы.

10-12 ноября презентация «Победы Солнца» состоялась в Эрфурте, на выставке германских художников в Кунстмессе. Само название проекта – «Победа Солнца» — противопоставляется авторами названию оперы «Победа над солнцем», — опера, театральное действо, с которым было связано создание Малевичем своего «Черного квадрата».

Теперь, после этого предисловия о версии «Чёрного квадрата» как предвидении Малевичем современного виртуального мира, стоит напомнить всё же об истории создания этой «иконы авангарда», и о её критическом восприятии – для тех читателей, кто не очень хорошо знаком с этой историей.

О Казимире Малевиче и его «ЧК»

«Черный квадрат» был представлен публике на «Последней футуристической выставке картин 0,10 (ноль-десять)», открывшейся в Петрограде 19 (или 17-го) декабря

1915 года. На ней Малевич показал беспредметные картины и объявил о наступлении «нового живописного реализма» («супрематизма»). Термином «супрематизм» (от лат. supremus, «высочайший, или преодолевающий») Малевич называет высший и последний этап искусства, суть которого заключается в выходе за традиционные рамки, за пределы видимого, умопостигаемого мира, в Ничто, в Абсолют. Именно так, по мнению Малевича, и можно спасти мир, потерявший целостность и находящийся на грани гибели.

В дополнение к сказанному помещаем ниже выдержки из трех статей о ЧК Малевича: искусствоведа, известного художника и священника, в хронологическом порядке.

НЕ ПОНЯТОЕ ДО СИХ ПОР МРАЧНОЕ ОТКРОВЕНИЕ?

Из статьи корреспондента газеты «Известия» Ольги Кабановой – о выставке «Черного квадрата» Малевича в нью-йоркском музее Соломона Гуггенхайма (13 мая 2003 года):

13 мая 2003г. В нью-йоркском Музее Соломона Гуггенхайма открылась выставка «Казимир Малевич. Супрематизм»

«Черный прямоугольник, черный крест и черный круг — вид трех классических композиций Малевича, встречающих зрителей, поднявшихся по знаменитому пандусу классического здания Музея Соломона Гуггенхайма, построенного по гениальному проекту Фрэнка Ллойда Райта, ошарашивает даже подготовленного зрителя. Но когда за этими тремя простыми геометрическими фигурами видишь еще и черный квадрат, накатывает просто какой-то ужас. За последние полтора десятилетия Малевича показывали много, и я его видела, но, признаюсь, никогда на его выставках не испытывала такого

серьезного чувства. Просто удар мрака какой-то. <...> Куратор выставки Мэтью Тратт, произнося вступительную речь, долго рассказывал, как в детстве впервые увидел книгу о русском авангарде... Директор Музея Гуггенхайма Томас Кренц в своем вступительном слове долго и монотонно, как пономарь, благодарил всех, кто принимал участие в создании выставки, но в конце вдруг признался, что он мечтал сделать ее — такую — с тех пор, как стал работать в музее.

Такие личные интонации в формально-деловых речах понятны. Слишком сильно действует малевичевская мрачная геометрическая поэзия, или эпитафия живописи, или тягостное предреволюционное пророчество — называйте как угодно — на тех, кто с ними сталкивается. Ничто, абсолютный ноль, бездна, которую хотел обозначить Малевич своим «Черным квадратом», задевает даже людей со слаборазвитым воображением. А среди тех, кто занимается искусством, таких мало...

Главные черные метки в истории мировой живописи — круг, квадрат, крест и прямоугольник, писанные черным по белому рукой Казимира Малевича, — собранные вместе, производят сильнейшее воздействие. Они зияют перед зрителем как разрытая могила, как знак неизбежности. Это должна была доказать выставка «Казимир Малевич. Супрематизм» в Музее Соломона Гуггенхайма. И доказала».

ИСКУССТВЕННО РАЗДУТЫЙ ФЕТИШ и ТАЙНА ПСИХИКИ ХУДОЖНИКА?

Из интервью Михаила Шемякина радио «Свобода» (журналистке Татьяне Вольтской, 1 декабря 2005 года):

«Михаил Шемякин: ...*я привез материалы из института, где будет показано, откуда у квадрата ноги растут. Очень любопытная вещь, редкая, которую удалось мне раздобыть во Франции, это черный квадрат Гюстава*

Доре, обозначает историю России, которая теряется в древности и в глубине веков. Он назвал это «Сумеречная история России». Карикатуры на квадрат Малевича.

Татьяна Вольтская: *Какую карикатуру можно на квадрат Малевича нарисовать?*

Михаил Шемякин: *Будет как раз работа Владимира Зимакова, трансформация одной из известнейших офортов Франсиско Гойя из серии «Капричиос». Это гробовая плита, которая давит людей, которые пытаются не упасть в могилу под названием «Когда же они уйдут?». Вот как раз эта гробовая плита превратилась в громадный квадрат Малевича, который давит современных русских художников. Любимое высказывание западных снобов, особенно в Америке на ломаном русском: «Вы же не Малевич!»*

Татьяна Вольтская: *И все же, что же главное в этом комплексе мероприятий по поводу черного квадрата?*

Михаил Шемякин: *В основном, все, что связано с дискуссией о том, настолько ли квадрат является действительно этаким могучим феноменом в искусстве 20-го века. Все это сводится к тому, что человечеству нужны какие-то фетиши... Например, совершенно странные пляски, которые ведутся уже несколько столетий вокруг «Моны Лизы» Леонардо да Винчи. Написаны целые тома по поводу исследования таинственности ее улыбки. А на самом деле никакой тайны великой нет. Если человек знает искусство древней Греции, особенно архаической, то все специалисты знают, что знаменитая таинственная и загадочная улыбка Мона Лизы — это всего-навсего переведенная со скульптур архаической Греции улыбка курасов. Этакая предрассветная зона состояния природы полуулыбка или блуждающая улыбка. Но есть вещи гораздо более интересные у того же Леонардо. Но человечеству нужно было создать какой-то фетиш легенды.*

Татьяна Вольтская: *Черный квадрат к ним же относится?*

Михаил Шемякин: *Да...*

Татьяна Вольтская: *Все-таки вы устраиваете выставку, посвященную черному квадрату. Не значит ли это, что вы сами тоже идете на поводу у этих фетишей?*

Михаил Шемякин: *Я как историк и аналитик обязан изучать все. Нравится ли мне это или нет. Например, у меня, кроме квадрата, который я обязан изучать, потому что вы даже не представляете, сколько по сегодняшний день выпечено квадратов. Я как раз показываю это. Вчера у меня была одна моя знакомая, которая очень любит искусство. Когда она посмотрела две работы, связанные с этой выставкой, она сказала: «Но ведь как это скучно – квадрат». Когда я ей показал ряд бесконечных квадратов, она сказала: «А вот это уже интересно». Да, это интересно, с точки зрения психиатрии уже. <…>*

Татьяна Вольтская: *Все же, несмотря на детскую радость большого художника, имеющего склонность поиграть, я продолжаю придерживаться взгляда средневековых мыслителей, которые полагали, что не следует увлекаться изображением бесов, чтобы самим не впасть в соблазн. Поэтому, признаться, два этажа разномастных квадратов меня отчасти пугают. Но, может быть, Михаил Шемякин прав: честно рассматривая их под углом квадратного безумия.>>*

ПРЕДВЕСТИЕ ТЬМЫ, ПОГЛОТИВШЕЙ РОССИЮ ПОСЛЕ 1917 ГОДА?

Из статьи священника Бориса Михайлова «Мерзость запустения (об искусстве Малевича)» (журнал «Искусство», январь 2006 года):

<<*В мае 1915 года, просматривая рисунки для второго издания либретто «Победа над солнцем», Малевич «наткнулся», по его словам, на свое самое главное открытие: неосуществленный проект завесы первого действия с изображением черного квадрата, который открылся ему вдруг как главное достижение «Победы над*

солнцем»: «*Творческая воля, — записал он тогда же, — до сих пор втискивалась в реальные формы жизни*» и вела борьбу за свой выход из вещи. У более сильных она дошла «*до исчезающего момента, но не выходила за рамки нуля. Но я преобразился в нуль форм и вышел за 0 — 1*». Иначе говоря, вышел в иную реальность, где есть свой эталон, своя единица — «Черный квадрат».

Этот «выход за» Малевич назвал «супрематизмом» (польск. «супремация» — преодоление, преобладание). О преодолении чего идет речь? На пути к иной реальности стоит предмет, но не просто как материальная оболочка, а в своем внутреннем существе — в своей сотворенности, Логосности. Вспомним, как Господь приводил к Адаму животных и тот нарицал им имена. Преодоление предметности в кубизме и супрематизме — обратный процесс: отъятия имени, похищения Света, прикосновением которого материя становилась творением. Поэтому, разрушая предмет по «канонам» супрематизма, погружаясь в мир якобы чистых форм, художник погружается на самом деле в демоническую стихию, становится исполнителем ее злой воли.

Все лето и осень в полной тайне Малевич усиленно работал над полотнами, в которых получала свое воплощение новая живописная система. На «Последней футуристической выставке «0,10»» (декабрь 1915 — январь 1916 гг.) он выставил 39 супрематических работ, названных «красочными массами в четвертом измерении», и среди них «Черный квадрат». Понимая его метафизическое значение, Малевич демонстративно повесил «Черный квадрат» в красном углу, традиционном для русской культуры месте иконы.

Как раз по поводу этой выставки художник и выдающийся историк искусства Александр Бенуа писал: «*Черный квадрат в белом окладе — это не простая шутка, не простой вызов, не случайный маленький эпизодик, случившийся в доме на Марсовом поле, а один из актов самоутверждения того начала, которое имеет своим именем мерзость запустения и которое кичится тем, что оно через гордыню, через заносчивость, через попрание всего любовного и нежного приведет всех к гибели».*

«Мерзостью запустения» Священное Писание называет водворение в Иерусалимском храме языческого идола во времена Антиоха Епифания (Дан. 9, 27; 11, 31; 12, 11) и в более общем смысле — признак наступления конца времен: «Когда увидите мерзость запустения, реченную через пророка Даниила, стоящую на святом месте, — читающий да разумеет, — тогда находящиеся в Иудее да бегут в горы...» (Мф. 24, 15—16).

Что скрывалось за «маленьким эпизодиком» на выставке, стало ясно в 1917 году, когда в России разразилась страшная смута, взорвавшая русский мир. «Тяжкое время переживает ныне Святая Православная Церковь Христова в Русской земле, — говорилось в слове Святейшего Патриарха Тихона 19 января 1918 года. — Гонение воздвигли на истину Христову явные и тайные враги сей истины и стремятся к тому, чтобы погубить дело Христово... Опомнитесь, безумцы, прекратите... это поистине сатанинское дело...»

Черный квадрат в белой рамке — это бой иконе. Средник иконы всегда был носителем изображения и света — сияния Царства Небесного. Теперь нам хотят сказать, что за нулем нет ни изображения, ни сияния. И раз их нет, тогда явью становится всесветное «Несмь!!!». Предвестием тьмы, поглотившей Россию, и была «несловь» Малевича, собранная в кулак, — дырка в материи, крепкое словцо революции, мужицкий кукиш, прокуренный и корявый, — в небе. <...> >>

Конечно, в ряду критических текстов о «Чёрном квадрате» нельзя не отметить ещё и эссе Татьяны Толстой «Квадрат». Советую прочитать этот текст (http://dictionnaire.narod.ru/square.htm)

В заключение.

Итак, в представленных выше статьях — искусствоведа, известного художника и священника (а также Татьяны Толстой) сформулированы три основных мнения, три подхода к пониманию Черного квадрата Малевича:

— мрачное, но абсолютно непонятное откровение гениального художника;

— искусственно раздутый фетиш, за которым нет никакой тайны, кроме тайн психики самого художника и стремления человечества к фетишам;

— акт самоутверждения бесовского начала, имеющего своим именем мерзость запустения; предвестие тьмы, поглотившей Россию с 1917 года.

Версия живущих сейчас в Германии петербургских художников Юрия и Егора Романовых, по моему мнению, развивает и дополняет все три подхода: по их версии, Малевич – сам того не зная – прозрел появление Пиксела, ввергающего человечество в виртуальное начало компьютерных и телевизионных технологий подчинения массового сознания бездуховности и мерзости запустения. Его ЧК обернулся мириадами пикселов миллиардов телевизионных и компьютерных экранов, которые сверкают разноцветными огнями в домах миллиардов людей по всей Земле. Итак, ЧК=Пиксел. Дать явлению (феномену) точное имя, понять его сущность – значит преодолеть его, стать выше его, сделать возможным подчинить его своей воле.

Итак, загадки «Черного квадрата» более не существует? Фетиш разоблачен? – Не надо ломать голову: это был всего лишь Пиксел!

Всего лишь пиксел…который заполнил весь современный виртуальный мир.

www.ingramcontent.com/pod-product-compliance
Lightning Source LLC
Chambersburg PA
CBHW070734180526
45167CB00004B/1749